Lb 42/1378

POLITIQUE

ET

LÉGISLATION,

DES PLUS ANCIENS

PHILOSOPHES DE LA GRÈCE.

Traduction récente, pour mettre le public en état de les comparer avec la législation actuelle de la France.

PAR C. S. L. B.

Prix douze sols.

A PARIS,

Rousseau, Imprimeur, rue Saint-Dominique, N°. 8, près le Luxembourg.
Et tous les Marchands de Nouveautés.

MAI M. DCCXCVII.

AVANT-PROPOS.

SOLON *l'un des sept sages de la Grèce, né deux ans après* Thalès *de Milet, trente-huit ans avant* Pythagore, *et six cent trente-huit avant* Jésus-Christ, *n'a pas seulement été archonte et législateur d'Athènes, où avoit régné cinq cents ans auparavant* Codrus, *l'un de ses aïeux, il passe aussi pour le créateur de la politique ou art de gouverner les états.*

Cent ans après lui, Mnésiphile, *du bourg de Phréar, en donna des leçons et eut pour disciple* Thémistocle. Mélisse, *de Samos, continua. Mais il ne nous reste rien de leurs ouvrages.*

Les deux plus anciens opuscules en ce genre dont nous ayons connoissance, sont ceux que nous a conservés (il y a quatorze cents ans) le judicieux Stobée *dans son receuil des meilleures productions de la Grèce,* serm. 41.

Le premier est un excellent précis en deux ou trois pages, par Hippodame *de Milet, philosophe pythagoricien qui vivoit dans le cinquième siècle avant Jésus-Christ, et qui non-seulement s'entendoit en politique, mais qui a introduit le bon goût en architecture. C'est sur lui que les Milésiens, délivrés du joug des Perses par la défaite de Xercès, jettèrent les yeux pour leur donner la constitution et les lois que rapporte et qu'examine* Aristote, *chap. VIII du deuxième livre de sa politique.* Thémistocle, *l'employa depuis à la distribution et à l'embellissement du* Pirée, *dont la grande place* (dit Suidas) *s'appelloit l'*Hippodamie.

Le deuxième, est un autre précis encore plus court par Archytas, *de Tarente, pythagoricien non moins célèbre, qu'alla trouver* Platon, *pour s'instruire de cette philosophie à laquelle il doit lui-même une grande partie de sa célébrité.*

J'y joindrai, comme Stobée, *les préfaces encore plus anciennes que* Zaleuque *et* Charondas, *qui vivoient dans le huitième siècle avant Jésus-Christ, ont mises en tête des lois qu'ils ont données;* Zaleuque, *aux Locriens; et* Charondas, *trente ans après, aux Thuriens, peuples de la grande Grèce.*

Ceux qui n'ont pas le tems de lire Platon, Aristote, *et les ouvrages philosophiques de* Cicéron, *sur-tout son traité des lois, ne seront peut-être pas fâchés de pouvoir y suppléer par un abrégé qui en contient presque toute la substance.*

Quoique je n'aie jamais eu l'honneur d'appartenir au sacerdoce de la religion, mais simplement à celui de la justice, je ne dissimule pas que j'ai pour objet principal d'affermir le peuple français et la majeure partie du conseil national dans le mépris des innovations de la philosophie moderne, en leur montrant que non-seulement tous les anciens peuples du monde, mais que tous ceux des anciens philosophes qui ont obtenu le suffrage de leur siècle et de la postérité, ont unanimement regardé la religion, 1°. *comme le premier devoir de tout homme sensé, et comme sa marque distinctive d'avec les bêtes ;* 2°. *comme le plus solide fondement de l'ordre social et de la tranquillité publique, et qu'ils en ont fait le premier article de leurs constitutions.*

J'ai aussi grandement à cœur de voir règner

la justice, et d'empêcher qu'on ne donne le nom de loi à des décrets rapaces et frauduleux, tels que ceux qui dépouillent les citoyens de leurs propriétés, sans les avoir jugés ni entendus ;

Quæ non magis legis nomen attingunt, quàm si latrones aliqua consensu suo sanxerint. *Cic. de leg. lib. II, n. V.*

POLITIQUE
ET
LÉGISLATION

DES PLUS ANCIENS PHILOSOPHES DE LA GRÈCE.

PRÉCIS DE LA POLITIQUE,

PAR HIPPODAME DE MILET (1).

§. I. *Du corps de l'État.*

I. L E corps d'un état quelconque se divise en trois parties :

L'une, des gens éminens qui gouvernent l'intégralité de l'état ;

---

(1) Il divise tout par trois : *Hésychius*, qui étoit aussi de Milet, et qui vivoit mille ans après, cite dans son dictionnaire cette division comme une des plus heureuses et des plus célèbres de l'antiquité.

L'autre, des troupes en qui réside la force et la puissance;

Et la troisième, du simple peuple qui fournit aux besoins de la vie.

J'appelle la première classe conseil d'état; la deuxième, classe auxiliaire; et la troisième, partie méchanique : les deux premières propres à ceux qui ont de quoi vivre; la troisième à ceux qui gagnent leur vie.

Celle des hommes d'état tient le premier rang; celle des mercenaires, le dernier; et l'auxiliaire, le rang mitoyen.

C'est à la première de commander; à la dernière d'obéir; celle du milieu fait l'un et l'autre.

La première délibère et détermine ce qui est à faire; la seconde exécute ce qui est ordonné et force aussi la troisième à l'exécution.

II. Chacune de ces trois classes se subdivise en trois autres :

1°. Le conseil d'état, en Préconsulteurs, Archontes ou chefs, et Opinans.

Les premiers tiennent leurs séances à part, pour y préparer et digérer les matières et en faire leur rapport au sénat.

Les seconds le convoquent à cet effet et président à ces assemblées pour y maintenir le bon ordre.

Les troisièmes, qui forment la pluralité, écoutent le rapport de ce qui a été arrêté aux comités des Préconsulteurs, donnent leur suffrage et confirment ce qu'ils jugent admissible.

En un mot, les Préconsulteurs rapportent au sénat ce qu'ils ont avisé, et le Sénat, après l'avoir admis, en informe l'assemblée du peuple par les commandans de la force armée.

2°. La classe auxiliaire ou force armée a de même ses chefs, ses protomaques (ou premiers assaillans) et sa soldatesque.

Dans la classe des chefs, sont ses mestres-de-camps, ses colonels d'infanterie et de cavalerie, et en général tous ceux qui ont part à la conduite des autres.

Ses protomaques ou champions d'élite sont pris parmi tout ce qu'il y a de plus brave, de plus alerte et de plus entreprenant (1).

Le reste de la troupe est composé de simples soldats.

3°. Quant à la classe méchanique, qui vit de son travail, elle est composée, 1° des laboureurs et autres cultivateurs de chaque contrée ; 2°. des artisans, dont les uns font et fournissent le surplus des choses nécessaires à la vie, les autres des

---

(1) Comme à Thèbes, à Lacédémone, à Argos.

outils pour la confection des ouvrages ; 3º. des commerçans qui vont et viennent, soit pour exporter de leur pays le superflu, soit pour y rapporter de l'étranger ce dont on peut avoir besoin.

Telles sont les parties élémentaires de toute société civile.

Nota. Le territoire, qui est la base de l'état, n'a point échappé à la fameuse division par trois. Suivant Aristote, *liv. II de sa politique, chap.* VIII, Hippodame divisoit aussi la glèbe dans chaque canton en trois parties, la première consacrée à la religion et aux frais du culte, la deuxième à la nourriture et à la solde de l'armée, la troisième appartenant en propre aux laboureurs et autres particuliers.

Après avoir composé le peuple des trois ordres ci-dessus, il donnoit au peuple l'élection des magistrats, et aux magistrats l'administration des choses communes.

§. II. *Ame de l'État.*

Il en est exactement d'un état comme d'une lyre. Ce n'est pas assez pour qu'une lyre produise son effet, qu'elle soit finie et montée de ses cordes, il faut encore la mettre d'accord et savoir la manier. Je viens d'exposer de combien et de quelles parties un état doit être composé : maintenant, comment faut-il les lier et les unir entr'elles ? c'est ce que je vais essayer d'expliquer.

I. Je soutiens que pour bien monter un état et y mettre de l'harmonie, trois choses sont nécessaires, 1°. des principes ou bonnes maximes (1); 2°. des institutions; 3°. des lois. C'est le concours de ces trois choses qui élèvent l'homme à sa dignité et à sa perfection.

Les principes éclairent son esprit, allument ses désirs et les tournent vers la vertu.

Les lois, par la crainte des peines le retiennent et le détournent de mal faire, et par l'appât des honneurs et des autres récompenses l'invitent à bien faire (2).

―――――

(1) Sur ce qu'on doit à Dieu et aux hommes, comme il l'expliquera plus bas.

(2) Il y a deux sortes de lois ; les unes fondamentales qui sont les conditions imposées aux chefs pour l'exercice du pouvoir suprême ; les autres relatives à la conduite des sujets, notamment pour les exciter ou les réprimer.

Comme tous les attentats se font, ou sur la personne ou sur l'honneur, ou sur les biens, *Hippodame* (dit encore *Aristote*), bornoit toutes ses lois coercitives aux dommages, aux injures et aux violences.

Nous ne connoissons de ses lois excitatives, que celle de décerner des honneurs aux inventeurs de choses utiles à la patrie ; et celle de nourrir aux dépens du trésor public les enfans de ceux qui mourroient à la guerre, loi (continue

Les pratiques et les institutions impriment dans son ame, comme sur la cire, les bonnes habitudes et lui rendent la vertu comme naturelle (1).

II. Du reste ces trois choses doivent être dirigées vers l'honnêteté, la justice et l'utilité, et y tendre en tout, s'il est possible de viser tout à la fois à ces trois buts; sinon tendre à deux des trois, et au moins à un; ensorte que nos principes, nos usages et nos lois soient en même-tems honnêtes, justes et utiles. Que s'il n'est pas possible de concilier ces trois points ensemble, il faut d'abord préférer l'honnête, ensuite ce qui est au moins juste, et ne donner à l'utile que le troisième rang; en un mot, employer tous ces moyens pour mettre tout l'état d'accord avec chacunes de ses parties, et pour y prévenir les séditions et les combats.

III. On parviendra à cet accord parfait, 1°. en accoutumant de bonne heure la jeunesse à vaincre ses passions, à se modérer dans ses plaisirs et à supporter avec la même modération ses peines.

Aristote) dont on ne s'étoit pas encore avisé; mais qui depuis fut admise, tant à Athènes, que dans d'autres villes.

(1) La principale institution pour tout état (dit le Pythagoricien *Diotogène*; *ibid.*) est celle qui a pour objet l'éducation de la jeunesse. Il est absurde de cultiver ses vignes et de négliger ses enfans..... Donc r'ouvrir les collèges, et ne les confier qu'à des gens du plus grand mérite.

2°. En établissant la médiocrité dans les fortunes particulières, et bornant l'appétit du gain aux seuls profits qu'offrent l'agriculture et le commerce.

3°. En ne mettant dans les places qui exigent de la vertu, que des gens vertueux ; dans celles qui demandent aussi de l'expérience, que des gens expérimentés ; et dans celles où il faut faire figure et se montrer libéral, que des gens d'une certaine opulence ; et en honorant, comme il convient, ceux qui se sont bien acquittés de leurs emplois.

IV. Trois causes influent sur les mœurs et servent de rempart à la vertu ; la crainte, le désir et la honte.

C'est à la loi d'imprimer la crainte ; aux coutumes de placer la honte : car lorsqu'on est accoutumé aux choses honnêtes, on rougit de celles qui ne le sont pas.

Quant aux désirs, ils sont la suite des principes. Rien n'est plus impulsif pour l'ame et ne l'entraîne davantage que de lui donner de bonnes raisons d'agir, sur-tout si l'on joint l'exhortation au raisonnement.

Si donc on veut que la jeunesse profite de cette triple influence, on ne sauroit lui ménager trop d'occasions de pratiquer ces principes en la rassemblant, soit en confrairies, soit à table commune, soit en contubernalité, soit en troupes militaires.

ou civiles, sous la conduite toutefois et la direction de gens d'un âge mûr; les uns et les autres ayant également besoin ; les jeunes de retenue et de correction, les vieux de caresses affectueuses et de passe-tems agréables. (Voyez *Cyrop. de Xénophon, liv.* I).

§. III. *Pestes à écarter.*

Puisqu'on ne devient, comme nous l'avons dit, honnête et vertueux que par le concours de trois choses, bons principes, bonnes lois et bonnes coutumes, il est indispensable de voir d'abord ce qui ruine et ce qui conserve les coutumes.

I. Si nous y prenons garde, nous trouverons qu'elles se ruinent de deux manières, ou par notre fait, ou par celui des étrangers : 1°. par notre fait, soit en nous refusant aux choses pénibles, soit en nous livrant aux plaisirs. Ceux que la fatigue rebute abandonnent le travail, et la poursuite des plaisirs conduit à la dissipation des biens. Ce n'est que par le travail qu'on les amasse. On n'amasse au contraire que des maux par l'usage immodéré des plaisirs. On commence par devenir efféminé, mou, esclave de cette passion, et l'on finit par sacrifier tout ce que l'on a pour la contenter.

2°. Les bonnes coutumes se ruinent aussi par le fait des étrangers, sur-tout de cette foule de commerçans qui viennent étaler parmi nous leur opulence et leur grosse gaîté; ou de ces voisins voluptueux dont nous allons admirer le luxe. Rien de plus contagieux, ni de plus propre à changer nos mœurs, que cette fréquentation et ce commerce.

C'est aux législateurs et aux ministres de la police à surveiller cet article et à y maintenir l'uniformité; à préserver la nation de ce mélange impur d'étrangers; et à maintenir aussi à-peu-près l'équilibre des fortunes; car plus on a, plus on veut avoir. Voilà le moyen de sauver les mœurs et les bons usages.

II. On sauvera de même les principes en épluchant et soumettant à la censure l'engeance des sophistes (ou soi-disant philosophes), pour qu'ils aient à se conformer aux lois, aux maximes d'état et à celles de la vie privée. Il y va, non pas d'une petite conséquence pour l'esprit public, mais du plus grand de tous les malheurs, quand ces gens-là s'avisent de fronder les opinions généralement reçues sur les choses divines et humaines. Loin d'apporter par leur nouvelle doctrine plus de lumières, plus de sûreté et plus d'honnêteté dans la vie commune, il n'en résulte que plus de ténèbres et plus de confusion. Tels sont par exemple tous leurs propos tendans, ou à donner atteinte à l'existence de Dieu, ou à nous faire croire que s'il existe;

il ne daigne pas honorer les hommes de ses regards, ni s'occuper d'eux ; mais qu'il les laisse dans l'oubli et n'en tient aucun compte.

On ne peut rien imaginer de si propre que de pareilles assertions, à rendre les hommes injustes et insensés. Ils ne sont déjà que trop disposés à la licence : quand une fois ils ont secoué une crainte, que Dieu lui-même semble rendre suspecte, par son invisibilité, ils se donnent carrière, foulent aux pieds toutes les lois, et prennent toutes les formes qu'on veut.

Au reste, cette matière ne doit être traitée que d'une manière franche, auguste, convenable à l'intérêt public, et par des gens qui, pleins de la divinité, n'expriment que les vrais sentimens dont ils sont pénétrés.

III. Quant aux lois fondamentales, si l'on veut qu'elles donnent quelque consistance à l'état, il faut que la forme du gouvernement soit mixte et composée de toutes les autres ; j'entends, non de celles qui sont contre nature, telles que la tyrannie qui ne peut convenir à aucun état, et même l'oligarchie qui ne convient qu'à fort peu ; mais de celles qui sont naturelles, telles que la royauté avant tout, et ensuite l'aristocratie.

La royauté est en effet une image de la divinité ; mais d'un éclat difficile à conserver dans l'ame d'un mortel, à cause des altérations qu'entraîne bientôt avec soi le luxe et l'insolence.

Il ne faut donc pas l'admettre dans toute sa plénitude; mais le plus qu'il est possible et autant qu'elle est utile à l'état (1); y entrelacer un peu plus d'aristocratie, pour que le nombre des magistrats excite l'émulation entr'eux, et qu'il soit plus aisé de les remplacer l'un par l'autre : ne pas manquer d'y mêler aussi de la démocratie, comme étant tout citoyen membre de l'état et ayant droit de participer à ses récompenses; mais y mettre un frein suffisant, n'y ayant rien de plus audacieux ni de plus téméraire que la populace (2).

---

(1) De même, *Archytas*, ci-après; et *Platon* à la fin du liv. IV de sa république.

Tous ces grands hommes étoient républicains; mais *Hippodame* étoit de plus fondateur d'une république réelle; et néanmoins tous trois conseillent aux peuples de choisir une autre forme de gouvernement, à cause des cabales et des corruptions éternelles qu'engendrent l'avarice et l'ambition innées aux républiques.

(2) C'est-à-dire restreindre la démocratie à l'administration municipale de chaque canton. Le peuple aime bien mieux qu'on le laisse vaquer à ses travaux que de s'occuper des affaires d'état qui sont au-dessus de sa portée. Mais quand une fois il s'est laissé leurer du fantôme de liberté, d'égalité et d'élévation que ne manquent jamais de lui présenter ses meneurs, il n'y a point d'atrocités qu'il ne se permette, jusqu'à ce que la misère l'ait ramené au bon sens.

PRÉCIS

PAR ARCHYTAS DE TARENTE (1).

I. Toute société civile est composée de gouvernans et de gouvernés, liés ensemble par des lois fondamentales.

C'est d'après ces lois, que le gouvernement est légitime et que les gouvernés sont libres.

C'est par leur violation que le gouvernement dégénère en tyrannie et la sujétion en esclavage.

II. Le même *ordre* qui existe entre les facultés de l'ame doit avoir lieu entre les parties constitutives de l'état. C'est à la partie intelligente de commander, et à la partie moins éclairée d'obéir. Toutes deux réunies par leur accord tiennent en bride les passions des hommes turbulens.

III. Une bonne *constitution* doit, 1°. être composée de toutes les formes de gouvernement, c'est-à-dire, avoir un peu de popularité, un peu d'oligarchisme, un peu de royalisme et d'aristo-

---

(1) Il vivoit dans le quatrième siècle avant J.-C.

cratie ;

cratie ; comme celle de Lacédémone, où les Rois tiennent de la monarchie ; le Sénat, de l'aristocratie ; les Ephores, de l'oligarchie ; les Hippagrètes et leurs chevaliers, de la démocratie (1).

2°. Non-seulement avoir toutes ces parties excellentes par le mérite des sujets qu'on y place ; mais les mettre en opposition entr'elles, pour se procurer de la consistance et de la solidité par l'équilibre des pouvoirs.

Je fais consister cette opposition à ce que le même pouvoir commande par un endroit et dépende par l'autre, comme dans cette fameuse constitution de Lacédémone, qui aux rois oppose les éphores, aux éphores le sénat, et met à la disposition des deux contre un les hippagrètes avec leur troupe, toutes les fois que l'un des trois veut l'emporter sur les deux autres.

IV. Le premier article d'une bonne *législation*, c'est de pourvoir honnêtement et avec quelque magnificence au culte de Dieu et des génies célestes.

---

(1) Les Hippagrètes étoient les trois princes ou chefs de la jeunesse, choisis par les Éphores, et qui se choisissoient, à leur tour, chacun cent autres jeunes gens ; compagnies toutes trois émules entr'elles, et disputant à qui serviroit le mieux la patrie. Voyez *Xénophon* sur la république de Lacédémone.

B

Le deuxième, de pourvoir à l'honneur des pères et mères.

Le surplus des lois doit être dirigé, non vers l'intérêt d'un seul ou de quelques-uns, mais vers l'intérêt général.

C'est plutôt dans l'ame des citoyens que sur leurs murs ou leurs portes qu'elles doivent être gravées. L'état le mieux policé, celui des Lacédémoniens, se gouverne, non par beaucoup de lois écrites, mais par les mœurs qu'on lui a données.

Que les peines frappent plutôt sur l'honneur que sur la fortune. On en sera plus attentif à conserver la probité et l'honnêteté, les uns envers les autres. Ces peines sont d'ailleurs plus personnelles et moins communicables. Celles qui portent sur les richesses font qu'on estime l'argent par dessus tout, comme un moyen de réparer toutes ses fautes.

V. La bonne *administration* d'un état consiste à le mettre en état de se passer de l'étranger, soit pour les talens, soit pour ses forces et sa défense, soit pour les besoins et les agrémens de la vie ou pour quelque autre cause que ce soit. Un corps, une maison, une armée ne sont sur un bon pied, qu'autant qu'ils ont en eux-mêmes les principes de leur conservation. Cela vaut mieux que tout ce qu'on pourroit tirer du dehors. On en est moins assujetti et infiniment plus libre.

EXTRAIT

DES LOIS DE PLATON, LIV. X.

LE plus excellent prélude qu'un législateur puisse mettre à ses lois, c'est de rappeller au peuple l'existence de Dieu, sa bonté et son amour pour la justice; la persuasion unanime à cet égard de tous les peuples Grecs et Barbares, leurs adorations et leurs prosternemens au lever et au coucher des astres, et dans toutes les situations heureuses et malheureuses de la vie.

Nota. C'est effectivement ce qu'ont fait tous les législateurs anciens, a commencer par *Moyse* pour les Juifs, *Mercure* pour les Egyptiens, *Zoroastre* pour les Perses, *Thésée* et *Solon* pour les Athéniens, *Romulus* et *Numa* pour les Romains, etc.

Voici les préfaces de *Zaleucus* et de *Charondas*, telles que *Stobée* nous les a conservées.

PRÉFACE

DES LOIS DE ZALEUCUS,

AUX LOCRIENS (1).

§. I. *De la Religion.*

La première condition pour habiter cette ville ou ses dépendances, c'est d'être bien persuadé qu'il existe un Dieu (2). Pour le croire il n'y a qu'à regarder le ciel, l'univers et le bel ordre qui y règne. Ce ne sont point là des ouvrages du hasard ni de main d'homme. Il faut donc respecter et honorer Dieu, comme auteur de tout ce qui nous arrive de bien et de tout ce qui porte l'empreinte de la raison (3).

---

(1) *Ex Stob. Serm.* 42.
Meminit etiam Cic. de leg. liv. II, *n.* VI.

(2) Le nom de Dieu est employé ici par *Zaleuque*, tantôt au singulier, tantôt au pluriel, parce qu'il en reconnoissoit un suprême, maître de tous les autres.

(3) Cicéron a transcrit et amplifié ce début dans son

2°. Que chacun s'examine et conserve son ame pure de tous vices. Dieu n'accepte point l'hommage d'un mortel vicieux. On ne l'appaise point, comme les méchans, par des sacrifices somptueux, ni par des spectacles frivoles; mais par la vertu et la pratique des bonnes œuvres. Quiconque veut lui plaire doit, donc, autant qu'il le peut, être honnête dans ses actions et dans ses intentions, craindre beaucoup plus les souillures de son ame que la perte de ses biens, et avoir de tout autres égards pour le citoyen qui renonce à sa fortune, que pour celui qui renonce à l'honnêteté et à la justice.

3°. S'il est des citoyens, des citoyennes ou d'autres habitans qui ayent peine à entrer dans cette disposition d'esprit et qui éprouvent une pente plus forte vers l'injustice, nous leur recommandons à tous de se souvenir qu'il existe des Dieux vengeurs, et de se mettre devant les yeux le moment qui sera pour chacun d'eux le dernier de cette vie, moment ou le souvenir d'avoir mal fait engendre

---

deuxième livre des lois, n°. VII, et veut qu'on regarde comme n'appartenant point à l'espèce humaine, ceux qui ne donnent aucun signe de vénération et de reconnoissance à la divinité, et qui sont assez stupides pour ne pas sentir combien il importe à la société civile d'être cimentée par le respect de celui qui est le témoin et le juge de nos actions.

nécessairement des regrets, et où l'on voudroit n'avoir jamais rien fait que de juste. Qu'ils se familiarisent avec cette pensée, et qu'en chaque action ils regardent ce moment comme présent. C'est le vrai moyen de prendre à cœur la justice et l'honnêteté.

4°. Si quelque mauvais génie les pousse à l'injustice, qu'ils aillent dans les temples ou dans quelque lieu saint se jetter au pied des autels et supplier les Dieux de leur prêter secours pour échapper au dur esclavage de cette impie maîtresse.

Qu'ils ayent recours aussi à ces hommes que leur vertu a rendus recommandables, et qu'ils s'entretiennent avec eux sur la vie bienheureuse et sur le châtiment des méchans. Par-là ils surmonteront la tentation de mal faire. Les mauvais génies ne sont à craindre que pour les superstitieux.

5°. Au reste, le choix des cultes n'est point indifférent. Quiconque veut habiter ce pays n'honorera les Dieux que suivant le rit usité par nos pères. Celui-ci est censé le meilleur par cela même qu'il est revêtu de l'antique approbation (1).

---

(1) *Eæ religiones teneantur quæ sunt in more majorum*, ibid. n. XVI.

§. II. *Du patriotisme et du règne des lois.*

6°. Tout le monde doit se soumettre aux lois, respecter les magistrats, se lever devant eux, et faire ce qu'ils commandent. Après les dieux, les génies et les héros, il n'y a rien de plus respectable pour tout homme sensé et soigneux de sa propre existence que ses père, mère, les lois et les magistrats.

7°. Nul ne doit chérir aucun autre état plus que sa propre patrie. Ce seroit une injure pour les Dieux tutélaires du pays, et un commencement de trahison. C'est encore bien pis de s'expatrier pour aller vivre en pays étranger. Nous n'avons rien qui nous touche de si près que notre patrie.

8°. Que personne ne regarde comme implacables ennemis ceux de ses concitoyens qui sont parvenus au gouvernement par des voies légitimes. Un tel homme seroit incapable d'y parvenir lui-même et d'entrer dans la judicature, écoutant sa passion plus que sa raison.

9°. Qu'on ne se permette d'invectiver, ni contre l'état, ni contre les particuliers. Que les préposés à la manutention des lois veillent sur cet article, qu'ils commencent par avertir le délinquant et qu'ils le punissent s'il persiste.

10°. Si pourtant il se trouvoit quelque loi défectueuse, qu'on la corrige ; mais une fois revisée et confirmée, que tout le monde y obéisse. Il n'est ni juste, ni utile que l'homme l'emporte sur la loi; c'est à elle au contraire, comme plus sage, de l'emporter sur tout particulier. Quiconque intervertiroit cet ordre, mérite châtiment, comme introduisant l'anarchie qui est le pire de tous les maux pour un état.

11°. Que les gens en place s'abstiennent de toute insolence; sur-tout de mêler l'outrage à leurs jugemens; qu'ils jugent sans partialité, n'ayant égard qu'à la justice, et ne connoissant ni amis, ni ennemis. C'est le moyen de bien juger et de prouver qu'ils sont dignes de leur place. Les esclaves font leur devoir par la crainte. Les hommes libres font le leur par raison et par honneur. Ceux qui ont l'autorité en main doivent donc mériter que ce soit par le même motif qu'on leur obéisse.

12°. Quand il prendra fantaisie à quelqu'un de faire abroger une loi ou d'en proposer une nouvelle, qu'il commence par se mettre une corde au cou, et qu'il fasse sa motion dans cet équipage. Si sa proposition est bien accueillie et que les suffrages y soient conformes, on ne lui fera point de mal; mais si la loi dont il demandoit l'abrogation paroît bonne à maintenir ou que la loi nouvelle qu'il propose soit jugée mauvaise, qu'on serre la corde à ce feseur de motion jusqu'à ce que mort s'ensuive

PRÉFACE

DES LOIS DE CHARONDAS,

AUX THURIENS (1).

1°. Qu'avant de délibérer et de rien exécuter, on commence par s'adresser à Dieu. Rien de mieux, dit le proverbe, que de le mettre à la tête de tout ce que l'on fait (2). Qu'on évite sur-tout de commettre aucune injustice, si l'on veut rester en bonne intelligence avec lui : car il ne communique point avec les hommes injustes.

2°. Qu'ensuite chacun s'aide lui-même et se commande d'entreprendre et d'exécuter ses justes projets avec une ardeur proportionnée à leur importance ; car il y auroit, ce me semble, trop de petitesse et de gaucherie à mettre le même effort et le même dégré d'attention dans les minuties et dans les grandes affaires. Donnons donc à celles-ci

---

(1) Peuple du Golphe de Tarente.
(2) *Ab eo nobis agendi capienda primordia.* Cic. *de leg.* *II, n. III.*

nos principaux soins, et traitons les toutes comme elles le méritent et du mieux qu'il nous est possible, si nous voulons acquérir de l'estime et de la vénération.

3°. Ne point recevoir chez soi, ni homme, ni femme flétris dans l'opinion publique, et n'avoir aucun commerce avec eux; autrement s'attendre à être déshonoré, comme ressemblant à ceux qu'on fréquente.

Chérir au contraire et fréquenter ceux que le public reconnoît pour gens de bien.

Il n'y a point de perfection sans vertu, ni de meilleure ou de plus parfaite initiation à la vertu que d'imiter sincèrement les hommes vertueux.

Tendre une main secourable à tout citoyen victime de l'injustice, soit qu'il habite encore sa patrie, soit qu'il ait émigré.

Accueillir favorablement et familièrement l'étranger honoré dans son pays, le traiter et le laisser aller à la manière usitée chez lui; se souvenir de Jupiter hospitalier qui a sa demeure et son culte par tout pays, et qui voit tout ce qui se fait pour ou contre l'hospitalité.

4°. Que les vieillards se chargent de la conduite des jeunes gens, et qu'ils les préservent du vice en les exhortant à la pudeur et en leur en donnant l'exemple. Par-tout et notamment dans les villes capitales l'impudence des vieillards passe par contagion à leurs enfans et à toute leur postérité. A la suite de cette effronterie viennent l'injustice et l'outrage, qui entraînent à leur tour la ruine des familles et de l'état entier. Qu'on se garde donc bien d'être impudent. Que chacun s'habitue à la modestie. Cette vertu le mettra en sûreté et lui méritera les faveurs du ciel. On n'est point ami de Dieu quand on est méchant et audacieux.

Que chacun fasse le plus grand cas de l'honnêteté et de la vérité, et qu'il abhorre la turpitude et le mensonge. C'est par ces deux traits qu'on distingue la vertu d'avec le vice. C'est aussi sur quoi doit se diriger l'éducation dès la plus tendre enfance, en châtiant les menteurs et caressant ceux qui montrent de la franchise, pour leur inoculer le germe de la vertu et la leur rendre comme naturelle.

5º. Que tout citoyen affecte plutôt de la retenue que de la suffisance. Il n'y a pas un plus grand indice de sottise et d'impertinence que cette ostentation de haute capacité. Mais que l'air de retenue soit sincère et que l'on ne simule point par des propos une vertu qu'on n'a point dans le fond de l'ame.

6º. Il faut avoir pour les magistrats la même affection que pour ses père et mère, leur obéir de bon cœur et les respecter; se persuader même que ceux qui pensent autrement éprouveront de la part des Dieux domestiques le châtiment de leur malveillance ; les magistrats sont en effet comme les collègues de ces Dieux pour la tutelle de l'état et le salut des citoyens.

Mais il faut aussi que les magistrats mettent toute la justice possible dans l'exercice de leur autorité, traitant leurs sujets comme leurs enfans et ne portant leurs décisions qu'après avoir étouffé tous les mouvemens de l'amitié, de la haine et de la colère.

7°. Qu'on donne les plus grands éloges et la plus haute considération à tous les riches qui font subsister les indigens. Ce sont les sauveurs des enfans de la patrie, à qui la patrie devra un jour elle-même son salut. Du reste, ce n'est pas à ceux qui sont devenus pauvres par fainéantise ou par débauche, c'est à ceux qui le sont devenus par infortune, qu'il faut départir ses largesses. La fortune plane également sur-tout le monde et ne dépend de personne. Mais il dépend de nous de n'être ni fainéans, ni débauchés, et ceux qui le sont ne doivent l'imputer qu'à eux-mêmes.

8°. En crime d'état, qu'il soit honorable pour quiconque en a connoissance, de dénoncer le coupable. Le salut de l'état passe avant tout et il ne sauroit y avoir trop de surveillans qui s'y intéressent. Fut-ce ses proches parens, la dénonciation doit être regardée comme un acte de piété filiale. Nous n'avons point de parens plus proches que notre patrie.

Il ne faut pourtant pas dénoncer les fautes involontaires commises par ignorance ou par erreur, mais simplement les crimes de dessein prémédité.

Si le dénoncé cherche à se venger du dénonciateur, qu'il soit en butte à la haine publique, comme un malade ingrat, qui après avoir fait manquer sa guérison, s'emporte contre son médecin.

Seront crimes capitaux, 1°. la dérision de la divinité ; 2°. l'outrage faite en pleine connoissance à ses père et mère ; 3°. le mépris des magistrats et des lois ; 4°. le décri volontaire de la justice. On regardera comme très-juste et très-vénérable citoyen celui qui plein de respect pour ces mêmes objets en dénoncera les violateurs à ses concitoyens et aux magistrats.

9°. Il sera glorieux de mourir pour sa patrie et honteux de l'abandonner ou de renoncer à son devoir par amour pour la vie. Il vaut bien mieux mourir glorieusement que de vivre dans l'opprobre.

On honorera les morts, non par des larmes ni par d'autres expressions de la douleur, mais par des commémorations honorifiques et par des témoignages de reconnoissance, telles que des offrandes de fruits dans leur saison. Il seroit injurieux pour les Dieux infernaux qu'on poussât trop loin l'affliction sur le séjour dans leur empire.

10°. Que ceux qui ont souffert du dommage par l'injustice d'autrui s'abstiennent de se répandre en invectives contre les auteurs de cette calamité. La modération en pareil cas a quelque chose de plus divin que la poursuite d'une réparation, et celui qui surmonte alors sa colère est bien meilleur citoyen que celui qui se venge à toute outrance.

11°. Aucun édifice particulier ne doit l'emporter par sa grandeur et sa magnificence sur les édifices publics. Si donc quelqu'un s'avise d'élever sa maison plus haut, à plus grands frais, et avec plus de décoration que les temples et que les palais de justice ou autres édifices du même genre, qu'au lieu de l'en estimer davantage, on lui en fasse la plus grande honte.

12°. Qu'on méprise comme un vil et chétif esclave celui qui ne songe qu'à amasser des richesses et de la fortune. Dans le fait ce n'est, à le bien prendre, qu'une ame basse éblouie par l'éclat de l'or, et enchantée par les illusions de la scène du monde. Une ame élevée apprécie dans le recueillement toutes les choses humaines; et quelque chose qui arrive, elle ne se trouble de rien.

13°. Que personne ne se permette des propos obscènes, de peur qu'il ne se familiarise avec les actions malhonnêtes, et que son ame ne se remplisse de saletés et d'impudence. Nous avons dans notre langue et dans la loi des noms pour tout ce qui est honnête et pour tout ce qu'on aime. Il nous répugne de nommer ce qui nous choque par sa turpitude. Qu'il soit donc honteux de parler même de ce qui est honteux.

14°. Que chacun aime la femme qu'il a légitimement épousée et qu'il s'en procure des enfans. Qu'il se garde bien de porter ailleurs le tribut de l'amitié conjugale, et de perdre en commerce frauduleux et outrageant la crême de son sang la plus précieuse aux yeux de la nature et de la loi. La nature ne l'a formée que pour la procréation des enfans et non pour la débauche.

Que de son côté la femme soit chaste et qu'elle ne se permette jamais de partager avec d'autres hommes la couche nuptiale. Qu'elle craigne le courroux céleste qui la feroit chasser de la maison et qui la livreroit à d'éternelles inimitiés.

Que le père qui donne une belle-mère à ses enfans déchoie de la considération dont il jouissoit et tombe dans le mépris, comme introduisant la discorde dans sa famille.

15°. Que tout cela soit constamment exécuté, à peine, pour le transgresseur, d'encourir l'exécration publique.

La loi enjoint à tout citoyen de savoir par cœur

cette préface, et de la réciter dans les temples tous les jours de fêtes après le chant des hymnes, même dans les banquets par celui à qui le maître du festin en donnera l'ordre, afin que ces maximes soient pour jamais implantées dans tous les esprits.

Nota. Diodore de Sicile, qui dans son douzième livre nous a conservé quelques fragmens des lois de *Charondas*, ajoute à la peine des secondes noces l'exclusion du conseil public.

Les autres fragmens regardent l'institution des petites écoles pour apprendre à lire et à écrire aux enfans; la tutelle des orphelins; le droit de prélation réservé à l'orpheline pour épouser son plus proche parent et *vicissim;* la peine de la calomnie; celle des liaisons dangereuses; celle de la désertion de son poste à la guerre; et celle du talion même pour œil crevé.

S'il y avoit dès-lors quelque germe d'irréligion et d'athéisme, on étoit encore loin d'en faire profession ouverte. Le premier qui l'osa fut un soi-disant philosophe, appellé *Diagoras*. Les Athéniens le bannirent à perpétuité. C'étoit une des lois qu'ils avoient (dit-on) empruntées de Charondas, et que Platon paroît avoir amplifiées dans le neuvième livre des siennes.

Il y condamne à cinq ans de prison, sans communication avec personne, celui qui se sera permis des propos licencieux sur la religion, ou qui aura tourné en ridicule la piété des autres: et en cas de récidive, après cette première expiation, peine de mort.

Quant au pillage des temples, et au vol des choses sacrées, si c'est un étranger ou un esclave, il veut qu'on lui marque sur le front et sur les mains (sans doute avec un fer chaud ou quelque pierre infernale) son sacrilège en toutes lettres, et qu'après l'avoir fouetté à discrétion, on le chasse tout nud hors du territoire : si c'est un citoyen, qu'on le condamne à mort, et qu'après avoir confisqué ses biens, on jette son cadavre hors des frontières.

C'est encore ce qui se pratiquoit à Athènes. *Xénophon. hist. gr. lib. I.*

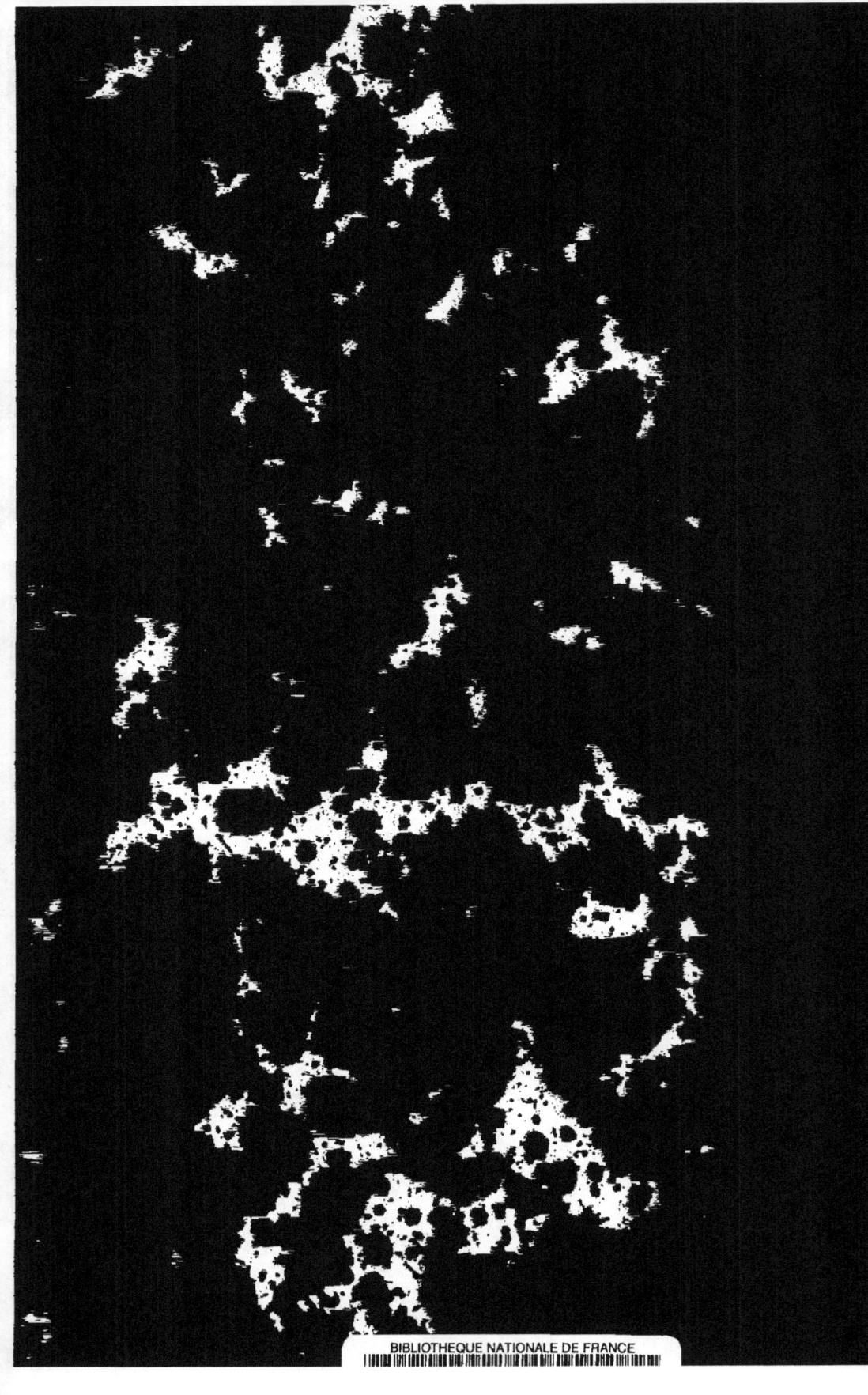

www.ingramcontent.com/pod-product-compliance
Lightning Source LLC
Chambersburg PA
CBHW060506050426

42451CB00009B/849